読みがなを書こう

1 全国ご当地グルメ ①

① 蒸気で作る大分県の地ごくむし。（　　）

② あまからい宮崎県の肉巻きおにぎり。（　　）

③ おかわり！盛岡のわんこそば。（　　）

④ 京都府の千枚づけは伝統の味だ。（　　）

⑤ 静岡県のうなぎがブームを巻き起こす。（　　）

⑥ 九州地方のグルメ担当になる。（　　）

⑦ 全国各地で人気のデカ盛りグルメ。（　　）

⑧ 人気グルメガイドの一巻を出版。（　　）

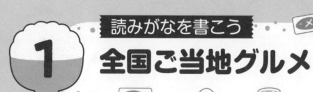

漢字を書こう

1 全国ご当地グルメ ①

① じょうきで作る大分県の地ごくむし。

② あまからい宮崎県の肉まきおにぎり。

③ おかわり！もりおかのわんこそば。

④ 京都府のせんまいづけは伝統の味だ。

⑤ 静岡県のうなぎがブームをまき起こす。

⑥ 九州地方のグルメたんとうになる。

⑦ 全国各地で人気のデカもりグルメ。

⑧ 人気グルメガイドのいっかんを出版。

ミニ字典

1 全国ご当地グルメ ①

盛

訓 もる

音 —

プラス!

大盛り、切り盛り、目盛、盛り合わせ

巻

訓 まく まき

音 カン

プラス!

圧巻、巻末、絵巻、舌《した》を巻く、しっぽを巻く、巻物

蒸

訓 —

音 ジョウ

プラス!

蒸気、蒸気機関車、蒸発、蒸留水

担

訓 —

音 タン

プラス!

加担、教科担任の先生、担当、担保、負担、分担

枚

訓 —

音 マイ

プラス!

一枚上手、首の皮一枚、二枚舌《にまいじた》、枚挙

読みがなを書こう

2 全国ご当地グルメ ②

① 栃木県のレモン牛乳が人気。

② 大分県はからあげの聖地だ。

③ 山口県はふぐ専門店が多い。

④ 奈良の大仏を拝み、鹿のふんを買う。

⑤ 北海道で乳しぼりを体験する。

⑥ うどんは香川県の専売特許だ。

⑦ 出雲大社を参拝した後に昼食。

島根県にある出雲大社は、「いづもおおやしろ」と読むよ

漢字を書こう

2 全国ご当地グルメ ②

① 栃木県のレモンぎゅうにゅうが人気。

② 大分県はからあげのせいちだ。

③ 山口県はふぐせんもん店が多い。

④ 奈良の大仏をおがみ、鹿のふんを買う。

⑤ 北海道でちちしぼりを体験する。

⑥ うどんは香川県のせんばい特許だ。

⑦ 出雲大社をさんぱいした後に昼食。

島根県にある出雲大社は、「いづもおおやしろ」と読むよ

ミニ字典

2 全国ご当地グルメ ②

乳

音 ニュウ

訓 ちち

プラス！

豆乳、乳化、乳製品、母乳、乳しぼり

聖

音 セイ

訓 —

プラス！

神聖、聖域《せいいき》、聖火リレー、聖職、聖水

専

音 セン

訓 —

プラス！

専一、専決、専行、専属、専念、専門

拝

音 ハイ

訓 おが**む**

プラス！

三拝九拝、参拝、拝見、拝借、礼拝

「聖」は耳に口に王（人を表す）ことから、神の声を聞いて伝えることのできる人という意味だよ。それで、高い学識や人徳をもつ人を表すようになったよ。

読みがなを書こう

3 一度は食べたいグルメ

① 雑誌でしょうかいされたメロンパン。

② 有名劇場のお土産《みやげ》のおかし。

③ CMに映った季節限定のスイーツ。

④ 何層にも重なったミルフィーユ。

⑤ 映画館で話題のおすすめフード。

⑥ ファンの層が広いオープンカフェ。

⑦ 高級グルメ店を一冊にまとめる。

⑧ 人生が劇的に変わった一品。

漢字を書こう

3 一度は食べたいグルメ

① ざっしでしょうかいされたメロンパン。

② 有名げきじょうのお土産《みやげ》のおかし。

③ CMにうつった季節限定のスイーツ。

④ なんそうにも重なったミルフィーユ。

⑤ えいがかんで話題のおすすめフード。

⑥ ファンのそうが広いオープンカフェ。

⑦ 高級グルメ店をいっさつにまとめる。

⑧ 人生がげきてきに変わった一品。

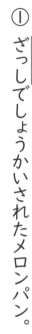

ミニ字典

3 一度は食べたいグルメ

映

音 エイ

訓 うつる うつす

プラス!

映写、映像、上映、放映、目に映る

劇

音 ゲキ

訓 ―

プラス!

演劇、観劇、喜劇、劇団、寸劇《すんげき》、悲劇

誌

音 シ

訓 ―

プラス!

月刊誌、雑誌、誌上、誌面、書誌、日誌

冊

音 サツ

訓 ―

プラス!

冊数、小冊子、別冊、分冊

層

音 ソウ

訓 ―

プラス!

オゾン層、深層心理、断層、地層

読みがなを書こう

4 一度食べたらやみつきグルメ

① 居酒屋の裏メニューのおつまみ。

② 店員イチオシ！看板メニュー。

③ 厳(あ)しいしん査で認(い)められた食材。

(あ)

(い)

④ 穴場のカフェの絶品スイーツ。

⑤ 厳選された食材の数々。

⑥ みんなが認めた、こだわり中か料理。

⑦ チェーン店の裏技オーダー。

⑧ すし屋じまんの大穴子。

漢字を書こう

4 一度食べたらやみつきグルメ

① 居酒屋のうらメニューのおつまみ。

② 店員イチオシ！かんばんメニュー。

③ ㋐きびしいしん査で㋑みとめられた食材。

㋐

㋑

④ あなばのカフェの絶品スイーツ。

⑤ げんせんされた食材の数々。

⑥ みんながみとめた、こだわり中か料理。

⑦ チェーン店のうらわざオーダー。

⑧ すし屋じまんの大あなご。

ミニ字典

4 一度食べたらやみつきグルメ

厳

音 ゲン

訓 きびしい

プラス！

厳格、厳守、厳正、厳選、厳しい表情

看

音 カン

訓 ―

プラス！

看過、看護、看守、看板に傷《きず》がつく、看板を下ろす

裏

音 ―

訓 うら

プラス！

裏表、裏方、裏金、裏声、裏を取る

穴

音 ―

訓 あな

プラス！

穴場、大穴、節穴、穴があったら入りたい

認

音 ―

訓 みとめる

プラス！

認め印、非を認める、姿《すがた》を認める

読みがなを書こう

5 大人気！　全国有名店

① 蚕に似せたアイスがヒットした。（　　）

② 故郷に有名なイタリアンができた。（　　）

③ 話題のすし屋で勤務する。（　　）

④ 切り株に見えるロールケーキ。（　　）

⑤ 養蚕会社が手がけたアイス屋。（　　）

⑥ ファミレスの店長として勤める。（　　）

⑦ 全国にケーキ店を拡大していく。（　　）

⑧ レストランを株式会社にした。（　　）

漢字を書こう

5 大人気！　全国有名店

① かいこに似せたアイスがヒットした。

② こきょうに有名なイタリアンができた。

③ 話題のすし屋できんむする。

④ 切りかぶに見えるロールケーキ。

⑤ ようさん会社が手がけたアイス屋。

⑥ ファミレスの店長としてつとめる。

⑦ 全国にケーキ店をかくだいしていく。

⑧ レストランをかぶしき会社にした。

ミニ字典

5 大人気！ 全国有名店

勤

音 キン

訓 つとめる　つとまる

プラス！

勤勉は成功の母、
勤労感謝の日、
勤め先、勤め人

郷

音 キョウ

訓 —

プラス！

異郷《いきょう》、寒郷、帰郷、
郷村、郷土、郷里

蚕

音 サン

訓 かいこ

プラス！

絹糸《きぬいと》でまゆを作る、
カイコガの幼虫《ようちゅう》だよ。

拡

音 カク

訓 —

プラス！

拡散、拡声器、
拡大鏡、拡張

株

音 —

訓 かぶ

プラス！

お株をうばう、
株が上がる、切り株

おまけ

難読食べ物漢字　読めるかな？①

☆次の食べ物の漢字の読み方がわかるかな？

①木耳（　　）

ヒント　コリコリした食感のキノコ

②心太（　　）

ヒント　海そうから作られているよ

③和布（　　）

ヒント　日本で一番食べられる海そう

④河豚（　　）

ヒント　高級魚だけど毒をもっているよ

⑤西瓜（　　）

ヒント　夏に食べる水分たっぷりの果物《くだもの》

⑥土筆（　　）

ヒント　春の食材で、卵《たまご》とじで食べるとおいしいよ

⑦山葵（　　）

ヒント　ピリッとからい薬味。おすしに使われるよ

答え：①きくらげ　②ところてん　③わかめ　④ふぐ　⑤すいか　⑥つくし　⑦わさび

読みがなを書こう

6 一度は行きたい有名店

①安くてうまい、大衆食堂。

②知る人ぞ知る、秘密のかくれ家。

③優勝したフレンチレストラン。

④秘伝のたれを受けつぐうなぎ屋。

⑤安心な明朗会計の高級すし屋。

⑥優美な会席料理を楽しむ屋台船。

⑦密会ができる個室の居酒屋。

⑧なかなか行けない衆議院食堂。

漢字を書こう

6 一度は行きたい有名店

① 安くてうまい、たいしゅう食堂。〔　　〕

② 知る人ぞ知る、ひみつのかくれ家。〔　　〕

③ ゆうしょうしたフレンチレストラン。〔　　〕

④ ひでんのたれを受けつぐうなぎ屋。〔　　〕

⑤ 安心なめいろう会計の高級すし屋。〔　　〕

⑥ ゆうびな会席料理を楽しむ屋台船。〔　　〕

⑦ みっかいができる個室の居酒屋。〔　　〕

⑧ なかなか行けないしゅうぎいん食堂。〔　　〕

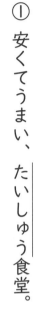

ミニ字典

6 一度は行きたい有名店

密

訓 ―

音 ミツ

プラス!

厳密《げんみつ》、骨密度《こつみつど》、人口密度、密閉《みっぺい》、綿密

秘

訓 ―

音 ヒ

プラス!

公然の秘密、神秘、秘境、秘話、秘宝《ひほう》

衆

訓 ―

音 シュウ

プラス!

アメリカ合衆国、観衆、公衆、衆人

朗

訓 ―

音 ロウ

プラス!

明朗快活《めいろうかいかつ》、朗笑、朗唱、朗読、朗報

優

訓 ―

音 ユウ

プラス!

女優、声優、俳優《はいゆう》、優勝、優等生、優良

読みがなを書こう

7 どこにあるかな？　話題の店

①警察署に来るキッチンカー。

②幼ち園のそばのシュークリーム屋。

③宇宙食を売っているスーパー。

④消防署の近くのからあげ屋。

⑤幼い子に人気のアイスクリーム屋。

⑥警備会社の前のおいしい弁当屋。

⑦行列のできる宇都宮ぎょうざ。

栃木県の県庁所在地！

漢字を書こう

7 どこにあるかな？　話題の店

① けいさつしょに来るキッチンカー。
［　　］

② ようち園のそばのシュークリーム屋。
［　　］

③ うちゅう食を売っているスーパー。
［　　］

④ しょうぼうしょの近くのからあげ屋。
［　　］

⑤ おさない子に人気のアイスクリーム屋。
［　　］

⑥ けいび会社の前のおいしい弁当屋。
［　　］

⑦ 行列のできるうつのみやぎょうざ。
［　　］

栃木県の県庁所在地！

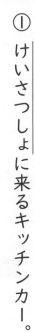

ミニ字典

7 どこにあるかな？ 話題の店

幼

音 ヨウ
訓 おさな**い**

プラス！
幼児、幼虫、幼子、
幼心、幼なじみ

署

音 ショ
訓 ―

プラス！
官公署、警察署、
消防署、署名

警

音 ケイ
訓 ―

プラス！
警察官、警察犬、
警備員、警報

宙

音 チュウ
訓 ―

プラス！
宇宙飛行士、宙返り、
宙にうく、宙を飛ぶ

宇

音 ウ
訓 ―

プラス！
宇治市、宇宙空間、
宇宙ステーション

8 読みがなを書こう

お店あるある

① 一覧表にメニューがびっしり。

② 地元に愛された洋食屋が閉店。

③ 食べ放題がおどろきの安い値段。

④ 客が帰らず、閉店（あ）時間を延（い）ばす。

あ（　　）　い（　　）

⑤ スープがなくなり、店を閉める。

⑥ 食べる価値がある人気のスパゲティ。

⑦ 洋食屋の店のドアを閉じる。

⑧ 食べ放題の時間を三十分延長。

漢字を書こう

8 お店あるある

① いちらんひょうにメニューがびっしり。

〔　　〕

② 地元に愛された洋食屋がへいてん。

〔　　〕

③ 食べ放題がおどろきの安いねだん。

〔　　〕

④ 客が帰らず、へいてん(あ)時間をのばす(い)。

(あ)〔　　〕　(い)〔　　〕

⑤ スープがなくなり、店をしめる。

〔　　〕

⑥ 食べるかちがある人気のスパゲティ。

〔　　〕

⑦ 洋食屋の店のドアをとじる。

〔　　〕

⑧ 食べ放題の時間を三十分えんちょう。

〔　　〕

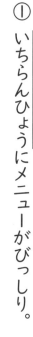

8 ミニ字典 お店あるある

値

訓 ね

音 チ

プラス!

数値、期待値、かけ値なし、値上げ、値が張る、元値

閉

訓 とじる しめる しまる

音 ヘイ

プラス!

開閉、閉口、閉門、密閉《みっぺい》、口を閉ざす

覧

訓 —

音 ラン

プラス!

回覧、観覧、展覧《てんらん》、博覧、ご覧になる

延

訓 のびる のべる のばす

音 エン

プラス!

延延、延期、足を延ばす、手を延ばす

段

訓 —

音 ダン

プラス!

階段、算段、手段を選ばない、一段落つく

9 読みがなを書こう 大人が通うバー

① バーで音楽を演奏する。（　）

② ウェイターの規律が正しい。（　）

③ 社員を三班に分けて店を営業する。（　）

④ 無理なカクテルの注文に困わくする。（　）

⑤ 注文したチーズが配達されずに困る。（　）

⑥ ベルギービールを売る権利を買った。（　）

⑦ バーでさわがないのは不文律だ。（　）

⑧ バーに五回通うと特権を得られる。（　）

漢字を書こう

9 大人が通うバー

① バーで音楽をえんそうする。〔　　〕

② ウェイターのきりつが正しい。〔　　〕

③ 社員を三ぱんに分けて店を営業する。〔　　〕

④ 無理なカクテルの注文にこんわくする。〔　　〕

⑤ 注文したチーズが配達されずにこまる。〔　　〕

⑥ ベルギービールを売るけんりを買った。〔　　〕

⑦ バーでさわがないのはふぶんりつだ。〔　　〕

⑧ バーに五回通うととっけんを得られる。〔　　〕

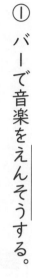

ミニ字典

9 大人が通うバー

班

音 ハン

訓 —

プラス!

一班、首班、班員、班長会議

律

音 リツ

訓 —

プラス!

一律、規律、自律、二律背反《にりつはいはん》、法律案

奏

音 ソウ

訓 —

プラス!

演奏、合奏、協奏曲、功を奏する、奏上

班

「王」は、たまという意味もある。「刂」は刀のこと。たまを刀で二つに切り分けることだよ。

権

音 ケン

訓 —

プラス!

権限、権力、主権、人権、利権、有権者

困

音 コン

訓 こまる

プラス!

困苦、困絶、困難《こんなん》、ひん困、困り果てる

10

読みがなを書こう

大人の飲み物ウイスキー

① アルコールの純度が高い。

② たるで熟成させると香りがいい。

③ ウイスキーを水で割って飲む。

④ 長期熟成したウイスキーは高い。

⑤ ハイボールの消費量の割合が多い。

⑥ バーテンダーとして頂を目指す。

⑦ 国産品で世界の頂点を目指す。

⑧ ホットウイスキーは、俳句の季語。

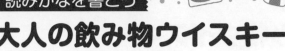

漢字を書こう

10 大人の飲み物ウイスキー

① アルコールのじゅんどが高い。

② たるでじゅくせいさせると香りがいい。

③ ウイスキーを水でわって飲む。

④ 長期じゅくせいしたウイスキーは高い。

⑤ ハイボールの消費量のわりあいが多い。

⑥ バーテンダーとしていただきを目指す。

⑦ 国産品で世界のちょうてんを目指す。

⑧ ホットウイスキーは、はいくの季語。

ミニ字典

10 大人の飲み物ウイスキー

割

音 ―

訓 わる　わり　われる

プラス！

口を割る、腹《はら》を割る、割合、割り算

熟

音 ジュク

訓 ―

プラス！

円熟、完熟、習熟、熟語、早熟、半熟

純

音 ジュン

訓 ―

プラス！

純愛、純益、純金、純正、純米酒、単純

俳

音 ハイ

訓 ―

プラス！

俳人、俳聖《はいせい》、俳優《はいゆう》

頂

音 チョウ

訓 いただく　いただき

プラス！

有頂天、真骨頂《しんこっちょう》、頂上、欲《よく》に頂なし

おまけ

難読食べ物漢字　読めるかな？②

☆ 次の外国から来た食べ物の漢字の読み方がわかるかな？

① 麦酒（　　）

ヒント お酒の定番！白いあわが立つよ

② 牛酪（　　）

ヒント 牛乳《ぎゅうにゅう》から作られているよ

③ 氷菓子（　　）

ヒント 夏に食べる冷たいおかし

④ 甘蕉（　　）

ヒント おさるさんが好きな黄色い果物《くだもの》

⑤ 葡萄酒（　　）

ヒント 葡萄《ぶどう》から作られているお酒だよ

⑥ 金平糖（　　）

ヒント カラフルでトゲトゲしたおかし

⑦ 乾蒸餅（　　）

ヒント たたいてみると二つに増える？

答え：①ビール　②バター　③アイス　④バナナ　⑤ワイン　⑥こんぺいとう　⑦ビスケット

11 読みがなを書こう

あ〜やってしまった失敗編 ①

① おつりを誤って千円多くわたした。（　　）

② ランチに人が少ないのは誤算だった。（　　）

③ ドリンクを出すのを忘れていた。（　　）

④ 自まんの料理をSNSで批判された。（　　）

⑤ 宗教でタブーの食事を出した。（　　）

⑥ 居酒屋の経営が危機におちいった。（　　）

⑦ 危ない！火事になるところだった。（　　）

⑧ 店を良くも悪くも批評された。（　　）

漢字を書こう

11 あ〜やってしまった失敗編 ①

① おつりをあやまって千円多くわたした。

②ランチに人が少ないのはごさんだった。

③ドリンクを出すのをわすれていた。

④自まんの料理をSNSでひはんされた。

⑤しゅうきょうでタブーの食事を出した。

⑥居酒屋の経営がききにおちいった。

⑦あぶない！火事になるところだった。

⑧店を良くも悪くもひひょうされた。

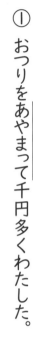

ミニ字典

11 あ〜やってしまった失敗編 ①

批

訓 ―

音 ヒ

プラス！

批判的思考、
批評家、批難《ひなん》

忘

訓 わすれる

音 ―

プラス！

初心忘るべからず、
忘れ物、我《われ》を忘れる

誤

訓 あやまる

音 ゴ

プラス！

誤解、誤算、誤答、
弘法《こうぼう》にも筆の誤り

危

訓 あぶない

音 キ

プラス！

危害、危機、危険、
危ない橋をわたる

宗

訓 ―

音 シュウ

プラス！

改宗、開宗、宗派

読みがなを書こう

12 あ〜やってしまった失敗編 ②

① ワイン店の経営に失敗し、てっ退する。

② 店ぽを乱立して経営が悪化した。

③ 店長の利己的な経営で店がつぶれた。

④ 急用でカフェを臨時休業する。

⑤ 台風で果物《くだもの》が落ちて、痛手を負う。

⑥ 客が入らず、悲痛な毎日を過ごす。

⑦ いそがしくて食生活が乱れる。

⑧ イタリアンの経営から退く。

漢字を書こう

12 あ〜やってしまった失敗編 ②

① ワイン店の経営に失敗し、てったいする。

② 店ぽをらんりつして経営が悪化した。

③ 店長のりこ的な経営で店がつぶれた。

④ 急用でカフェをりんじ休業する。

⑤ 台風で果物《くだもの》が落ちて、いたでを負う。

⑥ 客が入らず、ひつうな毎日を過ごす。

⑦ いそがしくて食生活がみだれる。

⑧ イタリアンの経営からしりぞく。

12 ミニ字典

あ～やってしまった失敗編 ②

己

音 コ

訓 ―

プラス！

人に呼《よ》ばれてはっと立ち上がる形から、「自分」を意味する。

乱

音 ラン

訓 みだ**れる** みだ**す**

プラス！

積乱雲、反乱、一糸乱れず、心が乱れる

退

音 タイ

訓 しりぞ**く** しりぞ**ける**

プラス！

引退、退治、進を知りて退くを知らず

痛

音 ツウ

訓 いた**い** いた**む** いた**める**

プラス！

苦痛、激痛《げきつう》、痛覚、頭を痛める、心を痛める、耳が痛い

臨

音 リン

訓 ―

プラス！

王は君臨すれども統治せず、光臨、臨界点、臨機応変

読みがなを書こう

13 わくわくだがし！

① だがしのなつかしい味に興奮する。（　　）

② 銭湯で子どもはだがしをもらえる。（　　）

③ 諸外国でも日本のだがしは人気だ。（　　）

④ 住宅街の一角にあるだがし屋。（　　）

⑤ だがし屋は宝の山だ。（　　）

⑥ 当たりを引くために奮とうする。（　　）

⑦ だがしのつめ合わせは宝石箱だ。（　　）

⑧ だがしつめ放題に奮って参加する。（　　）

漢字を書こう

13 わくわくだがし！

① だがしのなつかしい味にこうふんする。

② せんとうで子どもはだがしをもらえる。

③ しょ外国でも日本のだがしは人気だ。

④ じゅうたくがいの一角にあるだがし屋。

⑤ だがし屋はたからの山だ。

⑥ 当たりを引くためにふんとうする。

⑦ だがしのつめ合わせはほうせきばこだ。

⑧ だがしつめ放題にふるって参加する。

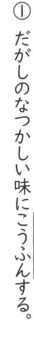

ミニ字典

13 わくわくだがし！

諸

音 ショ

訓 ―

プラス！

小笠原《おがさわら》諸島、諸悪、諸君、諸国、諸説

銭

音 セン

訓 ―

プラス！

金銭感覚、無銭飲食、一銭を笑う者は一銭に泣く

奮

音 フン

訓 ふるう

プラス！

発奮、奮起、奮戦、奮い立つ

宝

音 ホウ

訓 たから

プラス！

国宝、伝家の宝刀、正直は一生の宝

宅

音 タク

訓 ―

プラス！

帰宅、私宅《したく》、自宅、宅地、別宅、宅配便

14 読みがなを書こう
遊んでゲット！

① 射的ゲームでおかしをゲット。（　　）

② おかしつりのさおの針を作る。（　　）

③ 機械を操縦しておかしを取る。（　　）

④ グミを縦にさいてグミアートを作る。（　　）

⑤ 弓矢で的を射っておかしをゲット。（　　）

⑥ クレーンゲームをコツと理論(あ)でクレーンを操作(い)しておかしをゲット。
(あ)（　　）
(い)（　　）

⑦ 方針を決めておかし取りをする。（　　）

⑧ 百円でゲットできたのは結果論だ。（　　）

漢字を書こう

14 遊んでゲット！

① しゃてきゲームでおかしをゲット。

［　　］

② おかしつりのさおのはりを作る。

［　　］

③ 機械をそうじゅうしておかしを取る。

［　　］

④ グミをたてにさいてグミアートを作る。

［　　］

⑤ 弓矢で的をいっておかしをゲット。

［　　］

⑥ クレーンゲームをコツとりろん(あ)でクレーンをそうさ(い)しておかしをゲット。

(あ)［　　］

(い)［　　］

⑦ ほうしんを決めておかし取りをする。

［　　］

⑧ 百円でゲットできたのはけっかろんだ。

［　　］

ミニ字典

14 遊んでゲット！

操

音 ソウ

訓 —

プラス！

情操教育、節操、操業、操作、体操

針

音 シン

訓 はり

プラス！

針小棒大《しんしょうぼうだい》、短針、長針、秒針、針の穴《あな》を通す、針のむしろ

射

音 シャ

訓 いる

プラス！

射程、将《しょう》を射んとせばまず馬を射よ

論

音 ロン

訓 —

プラス！

異論、極論、自論、正論、論語、論理

縦

音 ジュウ

訓 たて

プラス！

縦列、縦断、首を縦にふる、縦の物を横にもしない

15 読みがなを書こう
お家あるある

① 今日は弟の誕生日パーティー。（　　）

② 食洗機で家事が楽になった。（　　）

③ 食たくでは祖母がうちの党首だ。（　　）

その場の最高責任者という意味

④ 母の得意料理は若どりのからあげ。（　　）

⑤ 晩ご飯の残りをお弁当に入れる。（　　）

⑥ 今晩はスーパーのそうざいだ。（　　）

⑦ 洗い物はパパの当番だ。（　　）

漢字を書こう

15 お家あるある

① 今日は弟のたんじょうびパーティー。〔　　〕

② しょくせんきで家事が楽になった。〔　　〕

③ 食たくでは祖母がうちのとうしゅだ。〔　　〕

当主や頭首ではないよ

④ 母の得意料理はわかどりのからあげ。〔　　〕

⑤ ばんご飯の残りをお弁当に入れる。〔　　〕

⑥ こんばんはスーパーのそうざいだ。〔　　〕

⑦ あらい物はパパの当番だ。〔　　〕

15 ミニ字典

お家あるある

党

訓 ―

音 トウ

プラス!

悪党、残党、党首、野党、徒党を組む

洗

訓 あらう

音 セン

プラス!

水洗、洗車、洗面所、洗練、足を洗う

誕

訓 ―

音 タン

プラス!

言＋延、または言＋ノ＋止＋廴で覚えよう！

晩

訓 ―

音 バン

プラス!

朝晩、昨晩、早晩、大器晩成、一晩

若

訓 わかい

音 ―

プラス!

若いときの苦労は買うてもせよ、若手

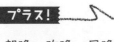

おまけ

難読食べ物漢字　読めるかな？③

☆次の野菜を表す漢字の読み方がわかるかな？

①人参（　　　　）
ヒント オレンジ色でうさぎも大好き！

②胡瓜（　　　　）
ヒント 緑色の曲がった夏野菜

③牛蒡（　　　　）
ヒント 見た目はただの根っこだよ

④茄子（　　　　）
ヒント むらさき色でつるんとしている

⑤南瓜（　　　　）
ヒント ハロウィンのおばけ

⑥玉葱（　　　　）
ヒント 切るとなみだが出てくるよ

⑦蓮根（　　　　）
ヒント 穴が空いているよ

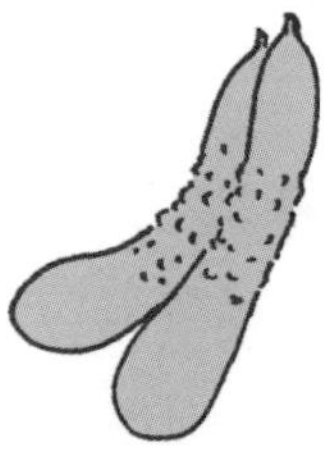

答え：①にんじん　②きゅうり　③ごぼう　④なす（なすび）
⑤かぼちゃ　⑥たまねぎ　⑦れんこん

読みがなを書こう

16 勉強の合間に

① 脳がつかれたらチョコを食べる。

② 机の上におかしを置いて勉強。

③ おやつを食べないと宣言する。

④ 休けい中のチョコは力を発揮させる。

⑤ なぜ大豆が頭にいいのか疑問だ。

⑥ コーヒーがねむ気に効くか疑う。

⑦ 脳にはあまいものがいいらしい。

⑧ 机の引き出しにおかしをかくす。

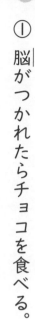

漢字を書こう

16 勉強の合間に

① のうがつかれたらチョコを食べる。

② つくえの上におかしを置いて勉強。

③ おやつを食べないとせんげんする。

④ 休けい中のチョコは力をはっきさせる。

⑤ なぜ大豆が頭にいいのかぎもんだ。

⑥ コーヒーがねむ気に効くかうたがう。

⑦ のうにはあまいものが良いらしい。

⑧ つくえの引き出しにおかしをかくす。

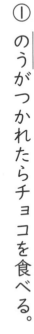

ミニ字典

16 勉強の合間に

宣

訓 ―
音 セン

プラス！
宣教師、宣言、宣告、宣伝、宣戦布告

机

訓 つくえ
音 ―

プラス！
几でつくえの意味。木で作られていたから、机になったよ。

脳

訓 ―
音 ノウ

プラス！
左脳、首脳、頭脳、洗脳《せんのう》、大脳、脳天

疑

訓 うたがう
音 ギ

プラス！
半信半疑、耳を疑う、目を疑う

揮

訓 ―
音 キ

プラス！
揮発、指揮者、指揮棒《しきぼう》、発揮

17

読みがなを書こう

みんながうれしいお手軽レシピ

① だれでも簡単、お手軽レシピ。（　　）

② 時間を短縮、お手軽レシピ。（　　）

③ 見た目重視のお手軽レシピ。（　　）

④ 片付けらくちん、お手軽レシピ。（　　）

⑤ 冷とう保存ができるお手軽レシピ。（　　）

⑥ のう縮めんつゆでお手軽レシピ。（　　）

⑦ 縮れめんが進化、お手軽レシピ。（　　）

⑧ 片面焼きでOK、お手軽レシピ。（　　）

漢字を書こう

17 みんながうれしいお手軽レシピ

① だれでもかんたん、お手軽レシピ。

② 時間をたんしゅく、お手軽レシピ。

③ 見た目じゅうしのお手軽レシピ。

④ かたづけらくちん、お手軽レシピ。

⑤ 冷とうほぞんができるお手軽レシピ。

⑥ のうしゅくめんつゆでお手軽レシピ。

⑦ ちぢれめんが進化、お手軽レシピ。

⑧ かためん焼きでＯＫ、お手軽レシピ。

ミニ字典

17 みんながうれしいお手軽レシピ

視

音 シ

訓 ―

プラス！

視線を浴びる、視野が広い、視力

縮

音 シュク

訓 ちぢ**む**、ちぢ**まる**、ちぢ**める**、ちぢ**れる**、ちぢ**らす**

プラス！

縮小、縮尺《しゅくしゃく》、縮図、短縮、縮み上がる

簡

音 カン

訓 ―

プラス！

簡易、簡潔、簡素、簡便、書簡、木簡

存

音 ソン、ゾン

訓 ―

プラス！

温存、知らぬ存ぜぬ、存在、存続

片

音 ―

訓 かた

プラス！

片足をつっこむ、片意地を張る、片手

読みがなを書こう

18 楽しみ！　お取り寄せグルメ

① 全国のお取り寄せグルメが届いた。

② 実家から地元の食材が郵送される。

③ 注文の翌日に海産物が届く。

あ

い

④ 承にんシステムでピザをたのむ。

⑤ ネットでの注文の仕方が難しい。

⑥ 人気の商品は翌月まで予約待ち。

⑦ 入手困難！レアチーズケーキ。

⑧ ネットで簡単《かんたん》。海外からも郵送。

漢字を書こう

18 楽しみ！ お取り寄せグルメ

① 全国のお取り寄せグルメがとどいた。〔　　〕

② 実家から地元の食材がゆうそうされる。〔　　〕

③ 注文のよくじつ㋐に海産物がとどく㋑。 あ〔　　〕 い〔　　〕

④ しょうにんシステムでピザをたのむ。〔　　〕

⑤ ネットでの注文の仕方がむずかしい。〔　　〕

⑥ 人気の商品はよくげつまで予約待ち。〔　　〕

⑦ 入手こんなん！レアチーズケーキ。〔　　〕

⑧ ネットで簡単《かんたん》。海外からもゆうそう。〔　　〕

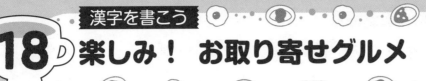

ミニ字典

18 楽しみ！ お取り寄せグルメ

翌

訓 ―

音 ヨク

プラス！

翌朝、翌月、翌週
「次の」という意味。

郵

訓 ―

音 ユウ

プラス！

命令や文書を受けわたすところという意味。

届

訓 とどける
とどく

音 ―

プラス！

かゆい所に手が届く、
届け出、目が届く

難

訓 むずかしい

音 ナン

プラス！

一難去ってまた一難、
災難、難易度、難民

承

訓 ―

音 ショウ

プラス！

起承転結、口承、
承知、承服、伝承

読みがなを書こう

19 食事でコミュニケーション

①親孝行で、両親と天ぷら屋に行く。

②小学校の恩師と飲みに行く。

③友人に推せんされたカレー屋に行く。

④洋食屋で著名人に会う。

⑤恩人にお礼のおかしを持って行く。

⑥私と友人とでカフェに行く。

⑦私用で会社の人と飲みに行く。

⑧推しょうされた店に同級生で集まる。

漢字を書こう

19 食事でコミュニケーション

① 親こうこうで、両親と天ぷら屋に行く。

② 小学校のおんしと飲みに行く。

③ 友人にすいせんされたカレー屋に行く。

④ 洋食屋でちょめいじんに会う。

⑤ おんじんにお礼のおかしを持って行く。

⑥ わたしと友人とでカフェに行く。

⑦ しようで会社の人と飲みに行く。

⑧ すいしょうされた店に同級生で集まる。

ミニ字典

19 食事でコミュニケーション

推

訓 —

音 スイ

プラス！

推移、推察、推進、推測、推理、推量

恩

訓 —

音 オン

プラス！

恩愛、恩返し、恩情、恩に着せる

孝

訓 —

音 コウ

プラス！

親不孝、孝行したい時分に親はなし

私

訓 わたくし　わたし

音 シ

プラス！

公私混同、私見、私語、私情、私生活、私腹《しふく》を肥やす、私事

著

訓 —

音 チョ

プラス！

共著、自著、著作、著者、著書、名著

読みがなを書こう

20 今や国民食！　日本のラーメン

① ラーメン業界は移り変わりが激しい。（　　　）

② ラーメンに紅しょうがを入れる。（　　　）

③ ラーメンは同じ系列の店が多い。（　　　）

④ 背あぶらたっぷりラーメンが人気。（　　　）

⑤ し激が強い、からみそラーメン。（　　　）

⑥ ラーメンを背景にＳＮＳに投こう。（　　　）

⑦ 一風変わった、紅茶ラーメン。（　　　）

⑧ ラーメンの食券を買う。（　　　）

漢字を書こう

20 今や国民食！ 日本のラーメン

① ラーメン業界は移り変わりがはげしい。

② ラーメンにべにしょうがを入れる。

③ ラーメンは同じけいれつの店が多い。

④ せあぶらたっぷりラーメンが人気。

⑤ しげきが強い、からみそラーメン。

⑥ ラーメンをはいけいにSNSに投こう。

⑦ 一風変わった、こうちゃラーメン。

⑧ ラーメンのしょっけんを買う。

ミニ字典

20 今や国民食！ 日本のラーメン

系

音 ケイ

訓 —

プラス！

家系、系統、系列、商人に系図なし

紅

音 コウ

訓 べに

プラス！

紅一点、紅白歌合戦、口紅、食紅

激

音 ゲキ

訓 はげしい

プラス！

感激、急激、激情、激戦、激動、激変

券

音 ケン

訓 —

プラス！

回数券、株券《かぶけん》、金券、証券会社

背

音 ハイ

訓 せ せい

プラス！

背筋、背泳ぎ、どんぐりの背比べ

おまけ

難読食べ物漢字　読めるかな？④

☆次の魚へんの漢字の読み方がわかるかな？

① 鮪（　　）

ヒント 回転すしで一番人気のある魚

② 鯛（　　）

ヒント お祝いの定番（おめで○○）

③ 鰻（　　）

ヒント 土用の丑《うし》の日に食べられるよ

④ 鯵（　　）

ヒント 海づりでつりやすい魚の一つ

⑤ 鰯（　　）

ヒント つみれにする魚だよ

⑥ 鮫（　　）

ヒント 海のギャング！

⑦ 鯨（　　）

ヒント 潮《しお》をふくよ。魚じゃない！

答え：①まぐろ　②たい　③うなぎ　④あじ　⑤いわし　⑥さめ　⑦くじら

読みがなを書こう

21 みんなでワイワイ焼肉

① 牛タンの部位は牛の舌だ。

② カルビはアバラ骨の間の肉。

③ サーロインはしも降りでやわらかい。

④ しま腸はしましまもよう。

⑤ 丸腸はプリプリした食感だ。

⑥ コムタンは白い牛骨スープ。

⑦ 階段《かいだん》を降りた所の焼肉屋がおすすめ。

⑧ 降雪の中、焼肉屋に向かう。

漢字を書こう

21 みんなでワイワイ焼肉

① 牛タンの部位は牛のしただ。

② カルビはアバラぼねの間の肉。

③ サーロインはしもふりでやわらかい。

④ しまちょうはしましまもよう。

⑤ 丸ちょうはプリプリした食感だ。

⑥ コムタンは白いぎゅうこつスープ。

⑦ 階段《かいだん》をおりた所の焼肉屋がおすすめ。

⑧ こうせつの中、焼肉屋に向かう。

ミニ字典

21 みんなでワイワイ焼肉

焼き肉の部位は、体に関係する漢字がたくさん使われている。
体に関する漢字の部首は「つきへん」ではなく、「にくづき」。
まちがえやすいので気をつけよう。

骨

音 コツ
訓 ほね

プラス！
骨子、骨折、鉄骨、
骨身をけずる、
骨を休める

舌

音 —
訓 した

プラス！
口から舌を出した様子の字。

腸

音 チョウ
訓 —

プラス！
酒に別腸あり、
小腸、断腸の思い

降

音 コウ
訓 お**りる** お**ろす** ふ**る**

プラス！
下降、降水量、
雨降って地固まる

読みがなを書こう

22 大人も大好き焼肉屋

① 第一胃ぶくろのミノは人気がある。（　　）

② 牛にある四つの胃は食べられる。（　　）

③ ハラミは横かくまくの筋肉。（　　）

④ ハツはコリコリした食感の心臓だ。（　　）

⑤ 焼肉屋のトロトロ牛筋にこみ。（　　）

⑥ 牛は内臓まで食べられる。（　　）

⑦ 貴婦人が焼肉屋でランチをする。（　　）

⑧ 焼肉店の個室には座ぶとんがある。（　　）

漢字を書こう

22 大人も大好き焼肉屋

① 第一いぶくろのミノは人気がある。

② 牛にある四つのいは食べられる。

③ ハラミは横かくまくのきんにく。

④ ハツはコリコリした食感のしんぞうだ。

⑤ 焼肉屋のトロトロぎゅうすじにこみ。

⑥ 牛のないぞうまで食べられる。

⑦ きふじんが焼肉屋でランチをする。

⑧ 焼肉店の個室にはざぶとんがある。

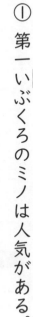

ミニ字典

22 大人も大好き焼肉屋

臓

訓 —

音 ゾウ

プラス!

心臓に毛が生えている、臓物、内臓

筋

訓 すじ

音 キン

プラス!

腹筋、筋がいい、背筋《せすじ》が寒くなる、血筋、道筋

胃

訓 —

音 イ

プラス!

月に見えるけど部首はにくづき。

座

訓 —

音 ザ

プラス!

王座、銀座、正座、星座、台座、当座

貴

訓 —

音 キ

プラス!

兄貴、貴金属、貴公子、貴族、貴重、高貴

読みがなを書こう

23 楽しい食リポ

① 初の食リポは度胸で乗り切ろう。（　　）

② 魚市場の食リポは胸がおどる。（　　）

③ 訳あり商品だが安くておいしい。（　　）

④ 最大規模のビールフェスが行われる。（　　）

⑤ 海の家のカレーは食欲をそそる。（　　）

⑥ 海外のフードフェスを模ほうする。（　　）

⑦ 海外ロケの食リポの通訳をする。（　　）

⑧ 意欲を持ってリポートをする。（　　）

漢字を書こう

23 楽しい食リポ

① 初の食リポはどきょうで乗り切ろう。

② 魚市場の食リポはむねがおどる。

③ わけあり商品だが安くておいしい。

④ 最大きぼのビールフェスが行われる。

⑤ 海の家のカレーはしょくよくをそそる。

⑥ 海外のフードフェスをもほうする。

⑦ 海外ロケの食リポのつうやくをする。

⑧ いよくを持ってリポートをする。

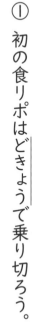

ミニ字典

23 楽しい食リポ

胸

音 キョウ

訓 むね

プラス！

胸中、度胸がある、
胸元、胸を借りる

訳

音 ヤク

訓 わけ

プラス！

英訳、通訳、内訳、
申し訳ない、訳あり

模

音 モ・ボ

訓 —

プラス！

空模様、模型、
模試、模写

欲

音 ヨク

訓 —

プラス！

欲は身を失う、
欲に目がくらむ

「模」の覚え方：きへん（木）、くさかんむり（艹）、ひ（日）、だい（大）。
ポイントは自分で分解して、書き順通りに合わせていくこと。
そうすると、書き順も覚えられるよ。

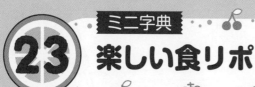

読みがなを書こう

24 ぶらぶら食べ歩き

① 観光地を散策しながら食べ歩く。

② 異国情ちょあふれる街で食べ歩き。

③ イカの姿焼きのにおいにつられる。

④ 野菜で染めた布をお土産《みやげ》に買った。

⑤ たこ焼きでも店により味が異なる。

⑥ 策略でも買ってしまうスイーツ。

⑦ 食べ過ぎた。鏡で自分の容姿を見る。

⑧ コーヒーをこぼして白い服が染まった。

漢字を書こう

24 ぶらぶら食べ歩き

①観光地をさんさくしながら食べ歩く。

②いこく情ちょあふれる街で食べ歩き。

③イカのすがた焼きのにおいにつられる。

④野菜でそめた布をお土産《みやげ》に買った。

⑤たこ焼きでも店により味がことなる。

⑥さくりやくでも買ってしまうスイーツ。

⑦食べ過ぎた。鏡で自分のようしを見る。

⑧コーヒーをこぼして白い服がそまった。

ミニ字典

24 ぶらぶら食べ歩き

策

音 サク

訓 ―

プラス！

苦肉の策、
政策、秘《ひ》策《さく》、
策士、策におぼれる

異

音 イ

訓 こと

プラス！

異議、異口同音、
異動、異を唱える、
事実と異なる

姿

音 シ

訓 すがた

プラス！

姿勢、姿絵、立ち姿

染

音 ―

訓 **そめる** **そまる**

プラス！

意に染まない、手を
染める、筆を染める

「姿」は、女の人がしゃがんで身なりを整える様子からできた漢字。

二（そろえる）＋欠（すわって身なりを整える）＋女

読みがなを書こう

25 あちこち食べ歩き

①旅先で人気店を探す。

②世界遺産が見えるカフェ。

③地域に愛される店はおいしい。

④お酒のお供に合う焼き鳥を発見。

⑤旅先でおいしい物を探求。

⑥新作のおかしが提供された。

⑦線路沿いの昔ながらのやきそば屋。

⑧夏祭りで沿道に屋台が出ている。

漢字を書こう

25 あちこち食べ歩き

① 旅先で人気店をさがす。

② 世界いさんが見えるカフェ。

③ ちいきに愛される店はおいしい。

④ お酒のおともに合う焼き鳥を発見。

⑤ 旅先でおいしい物をたんきゅう。

⑥ 新作のおかしがていきょうされた。

⑦ 線路ぞいの昔ながらのやきそば屋。

⑧ 夏祭りでえんどうに屋台が出ている。

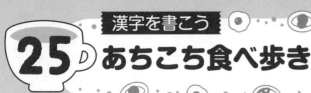

ミニ字典

25 あちこち食べ歩き

域

音 イキ

訓 —

プラス!

海域、区域、広域、水域、聖域《せいいき》、流域

遺

音 イ

訓 —

プラス!

遺伝子、自然遺産、吉野ケ里遺跡《よしのがりいせき》、遺体

探

音 タン

訓 さが**す**

プラス!

探求、探究、探検、探査機、探し物

沿

音 エン

訓 そ**う**

プラス!

沿革《えんかく》、沿岸、沿道、川沿い、意に沿う

供

音 キョウ

訓 そな**える**　とも

プラス!

供給、供述、自供、試供品、お供え

おまけ

難読食べ物漢字　読めるかな？⑤

☆次の日本の伝統料理を表す漢字の読み方が分かるかな？

①最中（　　　）
ヒント 皮であんこをつつんだおかし

②金平（　　　）
ヒント ○○○ごぼうが有名だよ

③御強（　　　）
ヒント もち米をむした料理だよ

④黄粉（　　　）
ヒント おもちにかけるとおいしいよ

⑤善哉（　　　）
ヒント 君は白玉派？おもち派？

⑥甘露煮（　　　）
ヒント あまく、つやつやにするよ

⑦雪花菜（　　　）
ヒント 豆ふを作るときにできるよ

答え：①もなか　②きんぴら　③おこわ　④きなこ
⑤ぜんざい　⑥かんろに　⑦おから

読みがなを書こう

26 あこがれ！ 高級レストラン

① 食事の会計をカードで済ませる。（　　）

② 入店をきょ否された。（　　）

③ こだわりの温泉湯豆ふを使う。（　　）

④ 暖ぼう設備がすばらしい。（　　）

⑤ 食材の一年分の決済をする。（　　）

⑥ レストランの中庭に泉をつくる。（　　）

⑦ 冬でもレストランは暖かい。（　　）

⑧ ウェイターの採用の合否を待つ。（　　）

漢字を書こう

26 あこがれ！ 高級レストラン

① 食事の会計をカードですませる。

② 入店をきょひされた。

③ こだわりのおんせん湯豆ふを使う。

④ だんぼう設備がすばらしい。

⑤ 食材の一年分のけっさいをする。

⑥ レストランの中庭にいずみをつくる。

⑦ 冬でもレストランはあたたかい。

⑧ ウェイターの採用のごうひを待つ。

ミニ字典

26 あこがれ！ 高級レストラン

☆「温《あたた》かい」と「暖《あたた》かい」の使い分け

「今日はあたたかいな。」のとき、なやんだら対義語に置きかえてみよう。

温かい⇔冷たい　暖かい⇔寒い

「今日は冷たいな。」とは言わないから、「今日は暖かいな。」が正解！

済

音 サイ

訓 すむ　すます

プラス！

完済、救済、経済、返済、気が済む、ただでは済まない

否

音 ヒ

訓 ―

プラス！

安否、合否、自己否定、全否定、登校拒否

泉

音 セン

訓 いずみ

プラス！

飲泉、温泉、温泉宿、源泉《げんせん》、泉質、泉のごとくわく

暖

音 ダン

訓 あたたか　あたたかい　あたたまる　あたためる

プラス！

温暖、寒暖の差、暖色、暖を取る、暖かい朝（冬、室内）

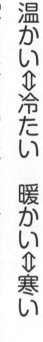

読みがなを書こう

27 歴史のあるお店

① 創業百年をこえる日本料理屋。（　　）

② 江戸《えど》時代から続く流派の和がし屋。（　　）

③ とう磁器の大皿でさしみを出す。（　　）

④ 窓から見る夜景が美しいレストラン。（　　）

⑤ 内装がごうかな有名レストラン。（　　）

⑥ 車窓の風景と食事を楽しむ列車。（　　）

⑦ しにせ和がし屋が新しい味を創る。（　　）

漢字を書こう

27 歴史のあるお店

① そうぎょう百年をこえる日本料理屋。

② 江戸《えど》時代から続くりゅうはの和がし屋。

③ とうじきの大皿でさしみを出す。

④ まどから見る夜景が美しいレストラン。

⑤ ないそうがごうかな有名レストラン。

⑥ しゃそうの風景と食事を楽しむ列車。

⑦ しにせ和がし屋が新しい味をつくる。

新しいものを生み出すという意味だよ

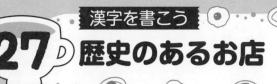

ミニ字典

27 歴史のあるお店

磁

訓 —

音 ジ

プラス!

磁気、磁力、
電磁石、棒磁石《ぼうじしゃく》

派

訓 —

音 ハ

プラス!

改革派《かいかくは》、派生、
派出、派手、流派

創

訓 つくる

音 ソウ

プラス!

創刊号、創意工夫、
天地創造、独創的、
未来を創る

装

訓 —

音 ソウ

プラス!

仮装、完全装備、
軽装、個包装

窓

訓 まど

音 ソウ

プラス!

同窓会、出窓、
窓ガラス、窓際

読みがなを書こう

28 旅館の料理人

① 下処理ⓐの時刻ⓘが決まっている。

ⓐ（　　　）ⓘ（　　　）

② 料理長の裁量で料理を決める。

（　　　）

③ ふぐの毒を除去する。

（　　　）

④ 大きさをそろえて野菜を刻む。

（　　　）

⑤ 魚の内臓《ないぞう》を取り除く。

（　　　）

⑥ 余った食材を捨てずにまかないにする。

（　　　）

⑦ 四捨五入で六十才の料理長。

（　　　）

⑧ 料理長の不正を裁く。

（　　　）

漢字を書こう

28 旅館の料理人

① 下しょり㋐のじこく㋑が決まっている。

㋐〔　　　〕　㋑〔　　　〕

② 料理長のさいりょうで料理を決める。

〔　　　〕

③ ふぐの毒をじょきょする。

〔　　　〕

④ 大きさをそろえて野菜をきざむ。

〔　　　〕

⑤ 魚の内臓《ないぞう》を取りのぞく。

〔　　　〕

⑥ 余った食材をすてずにまかないにする。

〔　　　〕

⑦ ししゃごにゅうで六十才の料理長。

〔　　　〕

⑧ 料理長の不正をさばく。

〔　　　〕

ミニ字典

28 旅館の料理人

裁

音 サイ

訓 さばく

プラス!

裁判官、断裁、仲裁、独裁政治

刻

音 コク

訓 きざむ

プラス!

刻印、刻限、深刻、復刻版、胸に刻む

処

音 ショ

訓 ―

プラス!

応急処置、処世術、処分、処理、対処

捨

音 シャ

訓 すてる

プラス!

取捨、捨てる神あれば拾う神あり

除

音 ジョ

訓 のぞく

プラス!

解除、除外、除算、除草、除名、切除

読みがなを書こう

29 キラリと光る職人技

① レシピ通り基本に忠実に作る。

② 革命を起こす料理を発表する。

③ 料ていの誠実な対応がうれしい。

④ 明治《めいじ》から続く料ていを発展させる。

⑤ 同盟国の食事会の店に指名される。

⑥ パティシエ界で技術革新が起こる。

⑦ 店に忠をつくして働く。

⑧ 職人技をマニュアル化して展開。

漢字を書こう

29 キラリと光る職人技

① レシピ通り基本にちゅうじつに作る。〔　　〕

② かくめいを起こす料理を発表する。〔　　〕

③ 料ていのせいじつな対応がうれしい。〔　　〕

④ 明治《めいじ》から続く料ていをはってんさせる。〔　　〕

⑤ どうめい国の食事会の店に指名される。〔　　〕

⑥ パティシエ界で技術かくしんが起こる。〔　　〕

⑦ 店にちゅうをつくして働く。〔　　〕

⑧ 職人技をマニュアル化しててんかい。〔　　〕

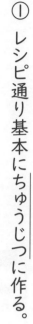

ミニ字典

29 キラリと光る職人技

誠

訓 ―

音 セイ

プラス!

誠意、忠誠、不誠実、たん誠をこめる

革

訓 ―

音 カク

プラス!

沿革、改革、皮革、変革、産業革命

忠

訓 ―

音 チュウ

プラス!

忠義、忠犬、忠告、忠心、忠臣、忠節

盟

訓 ―

音 メイ

プラス!

加盟、国際連盟、盟主、盟約、盟友

展

訓 ―

音 テン

プラス!

出展、展開図、展示、発展的

読みがなを書こう

30 目指せ！ 料理人

① レストランに就職する。（　　）

② 料理長の人間性を尊敬する。（　　）

③ オーナーシェフの指示に従う。（　　）

④ 敬うシェフの助言をメモする。（　　）

⑤ 山でとれた尊い命を調理する。（　　）

⑥ 従順な仕事は人の心を打つ。（　　）

⑦ 板前を目指す仲間は敵でもある。（　　）

⑧ 従業員が独立していく。（　　）

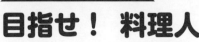

30 目指せ！ 料理人

① レストランにしゅうしょくする。〔　〕

② 料理長の人間性をそんけいする。〔　〕

③ オーナーシェフの指示にしたがう。〔　〕

④ うやまうシェフの助言をメモする。〔　〕

⑤ 山でとれたとうとい命を調理する。〔　〕

「たっとい」ともいうよ

⑥ じゅうじゅんな仕事は人の心を打つ。〔　〕

⑦ 板前を目指す仲間はてきでもある。〔　〕

⑧ じゅうぎょういんが独立していく。〔　〕

ミニ字典

30 目指せ！ 料理人

敬

音 ケイ

訓 うやまう

プラス！

敬意、敬遠、敬語、敬服、敬老の日

尊

音 ソン

訓 たっとい とうとい たっとぶ とうとぶ

プラス！

自尊心、尊大、尊重、我が仏尊し

就

音 シュウ

訓 —

プラス！

就学率、就業率、就航、就任、就労

敵

音 テキ

訓 —

プラス！

昨日《きのう》の友は今日《きょう》の敵、敵に塩を送る

従

音 ジュウ

訓 したがう したがえる

プラス！

主従、従来、追従、老いては子に従え

おまけ

難読食べ物漢字　読めるかな？⑥

☆次の、外国から来た食べ物の漢字の読み方がわかるかな？

① 扁桃
（　　　）
ヒント 目の形ににているナッツ

② 珈琲
（　　　）
ヒント 苦くて黒い飲み物

③ 麺麭
（　　　）
ヒント ご飯と並《なら》ぶ、主食の一つ

④ 烏龍茶
（　　　）
ヒント 中か料理によくあうね

⑤ 卵糖
（　　　）
ヒント 直方体でふわふわのおかし

⑥ 乾酪
（　　　）
ヒント 牛《ぎゅう》乳《にゅう》から作られるよ

⑦ 曹達
（　　　）
ヒント シュワシュワした飲み物だよ

答え：①アーモンド　②コーヒー　③パン　④ウーロンチャ
⑤カステラ　⑥チーズ　⑦ソーダ

31 読みがなを書こう

夢の独立！

① 寸法を測って、キッチンを買う。（　）

② 至高の料理をつくるための修行。（　）

③ 毎月の、レストランの賃貸料。（　）

④ 一寸のひまをおしんで働く。（　）

⑤ 目指すシェフの領域《りょういき》まで至った。（　）

⑥ 仕入れた絹Ⓐさやに傷Ⓘがあった。 あ（　） い（　）

⑦ 独立に失敗して傷心している。（　）

⑧ 安い賃金で社員をやとう。（　）

漢字を書こう

31 夢の独立！

① すんぽうを測って、キッチンを買う。

② しこうの料理をつくるための修行。

③ 毎月の、レストランのちんたい料。

④ いっすんのひまをおしんで働く。

⑤ 目指すシェフの領域《りょういき》までいたった。

⑥ 仕入れた㋐きぬさやに㋑きずがあった。

㋐

㋑

⑦ 独立に失敗してしょうしんしている。

⑧ 安いちんぎんで社員をやとう。

ミニ字典

31 夢の独立！

賃

訓 ―

音 チン

プラス！

運賃、賃借、家賃、行きがけのだ賃

至

訓 いたる

音 シ

プラス！

至急、至福、冬至、至れりつくせり

寸

訓 ―

音 スン

プラス！

一寸先はやみ、一寸法師、寸分たがわず

傷

訓 きず

音 ショウ

プラス！

感傷、死傷者、食傷気味、傷口に塩

絹

訓 きぬ

音 ―

プラス！

絹糸、絹ごし豆ふ、絹の道（シルクロード）

読みがなを書こう

32 お店のオープン前

① 最善をつくしてそば屋を開店。

② 先ぱいに仁義を通して店を開く。

③ 良いお店にするために討議する。

④ ＤＩＹでキッチンを改善する。

⑤ 預けていた資金を使って店を出す。

⑥ 魚を代名詞にした店を出す。

⑦ 預金をはたいてリニューアルする。

⑧ 人がらの善いオーナーだ。

漢字を書こう

32 お店のオープン前

① さいぜんをつくしてそば屋を開店。

〔　　〕

② 先ぱいにじんぎを通して店を開く。

〔　　〕

③ 良いお店にするためにとうぎする。

〔　　〕

④ ＤＩＹでキッチンをかいぜんする。

〔　　〕

⑤ あずけていた資金を使って店を出す。

〔　　〕

⑥ 魚をだいめいしにした店を出す。

〔　　〕

⑦ よきんをはたいてリニューアルする。

〔　　〕

⑧ 人がらのよいオーナーだ。

「良い」ではないよ

〔　　〕

ミニ字典

32 お店のオープン前

討

訓 ―

音 トウ

プラス！

再検討、討究、討幕《とうばく》、市民討議会

仁

訓 ―

音 ジン

プラス！

医は仁術、仁愛、仁義、仁徳

善

訓 よい

音 ゼン

プラス！

善は急げ、善悪は友による、善かれ悪しかれ

詞

訓 ―

音 シ

プラス！

歌詞、形容詞、作詞、助詞、副詞、名詞

預

訓 あずける　あずかる

音 ヨ

プラス！

預言者、預かり主、預け物、台所を預かる

読みがなを書こう

33 こだわり調理器具

① 鉄鋼でできた中かなべ。

② 大理石でできたのばし棒。

③ ステンレス鋼でできた包丁。

④ 食器だなのとびらを障子にする。

⑤ ヒノキで作ったすりこぎ棒。

⑥ 砂時計のキッチンタイマー。

⑦ 砂鉄でなべやフライパンを作る。

⑧ 愛用のミキサーが故障した。

漢字を書こう

33 こだわり調理器具

① てっこうでできた中かなべ。

② 大理石でできたのばしぼう。

③ ステンレスこうでできた包丁。

④ 食器だなのとびらをしょうじにする。

⑤ ヒノキで作ったすりこぎぼう。

⑥ すな時計のキッチンタイマー。

⑦ さてつでなべやフライパンを作る。

⑧ 愛用のミキサーがこしょうした。

ミニ字典

33 こだわり調理器具

「木」+「奉（両手でささげる）」から成り立つ棒には、「たたく、うつ」という意味があるんだ。棒術や刑ばつに使う、両手で持つ木の棒からきているよ。

棒

音 ボウ

訓 —

プラス！

足が棒になる、オニに金棒、棒にふる

鋼

音 コウ

訓 —

プラス！

金（きんぞく）と、岡（かたい土）で強い金属を表す。

砂

音 サ

訓 すな

プラス！

砂糖《さとう》、砂時計、砂をかむ

障

音 ショウ

訓 —

プラス！

かべに耳あり障子に目あり、支障

読みがなを書こう

34 スタミナ料理

① スタミナ料理はパワーの源だ。（　　）

② にんじんを干すとあまみが増す。（　　）

③ じゃっ干しか取れない天然うなぎ。（　　）

④ 源流にいるイワナは栄養満点。（　　）

⑤ 自作料理は、我ながらおいしい。（　　）

⑥ いのししがりで日が暮れた。（　　）

⑦ ジビエをとるために山で暮らす。（　　）

⑧ 我ら独自のキャンプ飯。（　　）

漢字を書こう

34 スタミナ料理

① スタミナ料理はパワーのみなもとだ。〔　〕

② にんじんをほすとあまみが増す。〔　〕

③ じゃっかんしか取れない天然うなぎ。〔　〕

④ げんりゅうにいるイワナは栄養満点。〔　〕

⑤ 自作料理は、われながらおいしい。〔　〕

⑥ いのししがりで日がくれた。〔　〕

⑦ ジビエをとるために山でくらす。〔　〕

⑧ われら独自のキャンプ飯。〔　〕

ミニ字典

34 スタミナ料理

「源」は、「原のがけ（厂）から泉《いずみ》（水）が落ちている様子」と、「水を表すさんずい（氵）」が合わさってできているよ。

その様子から、物事の起こりである「みなもと」の意味で使うよ。

源

音 ゲン

訓 みなもと

プラス！

起源、根源、電源、源清ければ流清し

干

音 カン

訓 ほす

プラス！

干満差、太陽の照っているうちに干し草を作れ

我

音 ―

訓 われ

プラス！

人は悪かれ我善《よ》かれ、我思う、ゆえに我あり

暮

音 ―

訓 くれる くらす

プラス！

明けても暮れても、日暮れ、夕暮れ

読みがなを書こう

35 こだわり食材

① メープルシロップは樹液が原料だ。
（　　）

② 一尺をこえるサイズのイワナ。
（　　）

「尺」は昔の単位で、約三十センチだよ

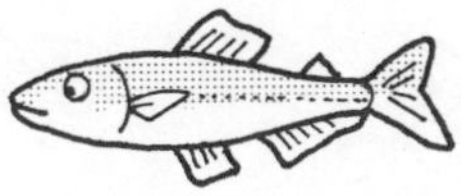

③ 山菜採りをして顔が紅潮する。
（　　）

④ こだわりの垂直仕立てさいばい。
（　　）

⑤ けい流つりでは水中に糸を垂らす。
（　　）

⑥ 潮ひがりでとった大つぶのアサリ。
（　　）

⑦ 卵にこだわった親子どん。
（　　）

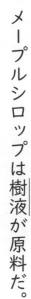

35 こだわり食材

① メープルシロップはじゅえきが原料だ。〔　　〕

② いっしゃくをこえるサイズのイワナ。〔　　〕

「しゃく」は昔の単位で、約三十センチだよ

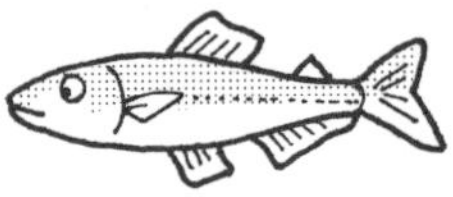

③ 山菜採りをして顔がこうちょうする。〔　　〕

④ こだわりのすいちょく仕立てさいばい。〔　　〕

⑤ けい流つりでは水中に糸をたらす。〔　　〕

⑥ しおひがりでとった大つぶのアサリ。〔　　〕

⑦ たまごにこだわった親子どん。〔　　〕

ミニ字典

35 こだわり食材

潮

訓 しお

音 チョウ

プラス!

風潮、満潮、黒潮、高潮、潮時

尺

訓 ―

音 シャク

プラス!

縮尺《しゅくしゃく》、人は万物の尺度なり、巻《ま》き尺

樹

訓 ―

音 ジュ

プラス!

果樹園、広葉樹、樹海、針葉樹《しんようじゅ》

卵

訓 たまご

音 ―

プラス!

コロンブスの卵、だし巻《ま》き卵、卵焼き、生卵

垂

訓 た**れる** た**らす**

音 スイ

プラス!

垂直、雨垂れ、能書きを垂れる

おまけ

難読食べ物漢字　読めるかな？⑦

☆次の食べ物の漢字の読み方が分かるかな？

① 蚕豆（　　　）
ヒント 塩ゆでがおいしい大きな豆
「空豆」とも書くよ

② 蒟蒻（　　　）
ヒント プルプルしたおでんの具の定番

③ 米粉（　　　）
ヒント お米でつくられためん

④ 太刀魚（　　　）
ヒント 銀色にかがやく、長い魚

⑤ 叉焼（　　　）
ヒント ラーメンの人気トッピング

⑥ 玉蜀黍（　　　）
ヒント あまくてつぶつぶだよ

⑦ 無花果（　　　）
ヒント 深い紅色《べにいろ》の果物《くだもの》だよ

答え：①そらまめ　②こんにゃく　③ビーフン　④たちうお　⑤チャーシュー　⑥とうもろこし　⑦いちじく

読みがなを書こう

36 おいしい！ 自然に感謝

①米や麦などの穀物が主食だ。

②収㋐かくした米をだっ穀㋑する。

③灰の肥料で野菜を育てる。

④育てた野菜を収かくする。

⑤自家さいばいの野菜が食たくに並ぶ。

⑥火山灰の畑で茶を育てる。

⑦米作りの農具を倉庫に収める。

⑧野菜セットを並サイズで売る。

漢字を書こう

36 おいしい！ 自然に感謝

① 米や麦などのこくもつが主食だ。

② ㋐しゅうかくした米を㋑だっこくする。

㋐ 　　㋑

③ はいの肥料で野菜を育てる。

④ 育てた野菜をしゅうかくする。

⑤ 自家さいばいの野菜が食たくにならぶ。

⑥ かざんばいの畑で茶を育てる。

⑦ 米作りの農具を倉庫におさめる。

⑧ 野菜セットをなみサイズで売る。

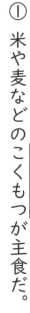

ミニ字典

36 おいしい！ 自然に感謝

穀

音 コク

訓 ―

プラス！

穀物、穀倉地帯、五穀米、雑穀

収

音 シュウ

訓 おさ**める** おさ**まる**

プラス！

回収、収入、収納《しゅうのう》、手中に収める、元のさやに収まる

灰

音 ―

訓 はい

プラス！

遺灰《いはい》、灰色、灰皿

並

音 ―

訓 なみ なら**べる** なら**ぶ** なら**びに**

プラス！

月並、五目並べ、歯並び、人並

「穀」は「から（殻）＋のぎへん（禾）」からできている漢字だよ。のぎへん（禾）には作物の意味があり、から（殻）には、からをつけた食べられる作物という意味があるよ。

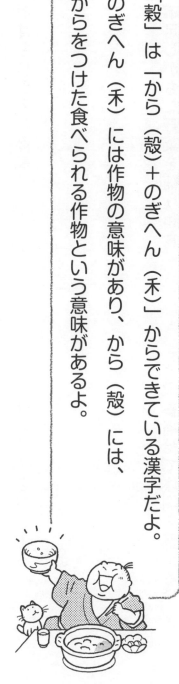

読みがなを書こう

37 食事×健康

② 糖質をおさえた食事。

③ 不足しがちな野菜を補う和食。

④ 油をなるべく吸わないあげ物。

① 体の肺をかんそうから守る食べ物。

⑤ し質の吸収をおさえる。

⑥ 栄養補給で体調を整える。

⑦ 糖分ひかえめなスイーツを選ぶ。

⑧ お吸い物の塩分をおさえる。

漢字を書こう

37 食事×健康

② とうしつをおさえた食事。

③ 不足しがちな野菜をおぎなう和食。

④ 油をなるべくすわないあげ物。

① 体のはいをかんそうから守る食べ物。

⑤ ししつのきゅうしゅうをおさえる。

⑥ 栄養ほきゅうで体調を整える。

⑦ とうぶんひかえめなスイーツを選ぶ。

⑧ おすい物の塩分をおさえる。

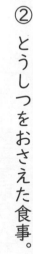

37 ミニ字典

食事×健康

人は食べ物からの栄養と酸素が結びつくと、それらがエネルギーになって活動することができるんだ。肺《はい》は酸素を取り入れて、二酸化炭素を出す重要な役割《やくわり》をしているよ。

補

音 ホ

訓 おぎなう

プラス!
候補、補欠、補佐、補修、言葉を補う

糖

音 トウ

訓 —

プラス!
果糖、角砂糖《かくざとう》、グラニュー糖、血糖値《けっとうち》

肺

音 ハイ

訓 —

プラス!
心肺停止、肺活量、肺呼吸、肺動脈

吸

音 キュウ

訓 すう

プラス!
過呼吸《かこきゅう》、吸引、吸収《きゅうしゅう》、深呼吸

読みがなを書こう

38 歴史と食べ物

① 将軍に特産品をけん上する。

② 幕府ⓐに食材をほう納ⓘする。

ⓐ ⓘ

③ 米俵ⓐで税を納ⓘめていた。

ⓐ ⓘ

④ 歌舞伎《かぶき》の幕引き後に弁当を食べる。

⑤ 納税は農民や町人の義務だった。

⑥ しょう油をかめに貯蔵していた。

⑦ 昔の冷蔵庫は氷で冷やしていた。

⑧ 年ぐで二俵ⓐの米を納ⓘめる。

ⓐ ⓘ

漢字を書こう

38 歴史と食べ物

① しょうぐんに特産品をけん上する。

〔　　〕

② ㋐ばくふに食材をほう㋑のうする。

㋐〔　　〕　㋑〔　　〕

③ ㋐こめだわらで税を㋑おさめていた。

㋐〔　　〕　㋑〔　　〕

④ 歌舞伎《かぶき》のまく引き後に弁当を食べる。

〔　　〕

⑤ のうぜいは農民や町人の義務だった。

〔　　〕

⑥ しょう油をかめにちょぞうしていた。

〔　　〕

⑦ 昔のれいぞうこは氷で冷やしていた。

〔　　〕

⑧ 年ぐでに㋐ひょうの米を㋑おさめる。

㋐〔　　〕　㋑〔　　〕

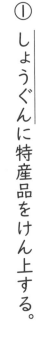

ミニ字典

38 歴史と食べ物

納

音 ノウ

訓 おさめる おさまる

プラス!

収納《しゅうのう》、納入、納品、年ぐの納めどき

幕

音 マク バク

訓 —

プラス!

暗幕、字幕、幕が開く、幕を下ろす

将

音 ショウ

訓 —

プラス!

主将、武将、勇将の下に弱卒無し

蔵

音 ゾウ

訓 —

プラス!

所蔵、地蔵は言わぬが我言うな

俵

音 ヒョウ

訓 たわら

プラス!

炭俵、俵物、徳俵、同じ土俵に立つ

読みがなを書こう

39 歴史と食事

① 天守閣で食べる料理は最高だ。

② あうんの呼吸でもちつきをする。

③ 戦時中は常に腹が減っていた。

④ 空腹を満たすために水を飲んだ。

⑤ 憲兵に食べさせる夕食を作る。

憲兵とは、昔の軍事警察《けいさつ》のこと

⑥ 亡命者に温かい食事をあたえる。

⑦ 国王がうでのたつ料理人を城に呼ぶ。

漢字を書こう

39 歴史と食事

① てんしゅかくで食べる料理は最高だ。
【　　】

② あうんのこきゅうでもちつきをする。
【　　】

③ 戦時中は常にはらが減っていた。
【　　】

④ くうふくを満たすために水を飲んだ。
【　　】

⑤ けんぺいに食べさせる夕食を作る。
【　　】

けんぺいとは、昔の軍事警察《けいさつ》のこと

⑥ ぼうめい者に温かい食事をあたえる。
【　　】

⑦ 国王がうでのたつ料理人を城によぶ。
【　　】

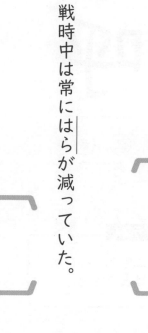

ミニ字典

39 歴史と食事

腹

訓 はら
音 フク

プラス!
腹筋、腹式呼吸、腹痛《ふくつう》、裏腹《うらはら》、腹が黒い、腹に納《おさ》める

呼

訓 よぶ
音 コ

プラス!
人工呼吸《こきゅう》、呼び水、類は友を呼ぶ

閣

訓 —
音 カク

プラス!
金閣寺、閣議、砂上《さじょう》の楼閣《ろうかく》、内閣総理大臣

亡

訓 —
音 ボウ

プラス!
危急存亡《ききゅうそんぼう》の秋、死亡、存亡、未亡人

憲

訓 —
音 ケン

プラス!
憲法記念日、十七条憲法、日本国憲法

読みがなを書こう

40 天皇陛下にまつわる話

① 天皇皇后両陛下（あ）の日々のお食事は、宮内《くない》庁（い）が用意。

あ（　　　　）
い（　　　　）

② 一度は食べてみたい皇室料理。

（　　　　）

③ 天皇（あ）が訪（い）ねた店に行ってみた。

あ（　　　　）
い（　　　　）

④ 宮内庁ご用達のお店。

（　　　　）

⑤ 天皇陛下には料理番がいる。

（　　　　）

⑥ 皇太子がディナーを食べる。

（　　　　）

⑦ 皇后（あ）が訪問（い）したレストラン。

あ（　　　　）
い（　　　　）

40 天皇陛下にまつわる話

①　㋐てんのうこうごうりょうへいかの日々のお食事は、宮内《くない》㋑ちょうが用意。

㋐［　　］　㋑［　　］

②　一度は食べてみたいこうしつ料理。

［　　］

③　㋐てんのうが㋑たずねた店に行ってみた。

㋐［　　］　㋑［　　］

④　宮内ちょうご用達のお店。

［　　］

⑤　てんのうへいかには料理番がいる。

［　　］

⑥　こうたいしがディナーを食べる。

［　　］

⑦　㋐こうごうが㋑ほうもんしたレストラン。

㋐［　　］　㋑［　　］

ミニ字典

40 天皇陛下にまつわる話

陛

訓 —

音 ヘイ

プラス！

陛下とは天皇を表す別の呼《よ》び方だよ。

后

訓 —

音 コウ

プラス！

天皇の正妻を表す言葉だよ。

皇

訓 —

音 コウ オウ

プラス！

天皇と深い関係のある人を表すよ。

訪

訓 たずねる

音 ホウ

プラス！

再訪、訪日、訪問、探訪《たんぼう》、来訪、訪ね人

庁

訓 —

音 チョウ

プラス！

県庁所在地、省庁、庁舎、文化庁

学力の基礎をきたえどの子も伸ばす研究会

HPアドレス　http://gakuryoku.info/

常任委員長　岸本ひとみ
事務局　〒675-0032 加古川市加古川町備後178-1-2-102 岸本ひとみ方　☎·Fax 0794-26-5133

① めざすもの

私たちは、すべての子どもたちが、日本国憲法と子どもの権利条約の精神に基づき、確かな学力の形成を通して豊かな人格の発達が保障され、民主平和の日本の主権者として成長することを願っています。しかし、発達の基盤ともいうべき学力の基礎を鍛えられないまま落ちこぼれている子どもたちが普遍化し、「荒れ」の情況があちこちで出てきています。

私たちは、「見える学力、見えない学力」を共に養うこと、すなわち、基礎の学習をやり遂げさせることと、読書やいろいろな体験を積むことを通して、子どもたちが「自信と誇りとやる気」を持てるようになると考えています。

私たちは、人格の発達が歪められている情況の中で、それを克服し、子どもたちが豊かに成長するような実践に挑戦します。

そのために、つぎのような研究と活動を進めていきます。

① 「読み・書き・計算」を基軸とした学力の基礎をきたえる実践の創造と普及。
② 豊かで確かな学力づくりと子どもを励ます指導と評価の探究。
③ 特別な力量や経験がなくても、その気になれば「いつでも・どこでも・だれでも」ができる実践の普及。
④ 子どもの発達を軸とした父母・国民・他の民間教育団体との協力、共同。

私たちの実践が、大多数の教職員や父母・国民の方々に支持され、大きな教育運動になるよう地道な努力を継続していきます。

② 会　　員

- 本会の「めざすもの」を認め、会費を納入する人は、会員になることができる。
- 会費は、年4000円とし、7月末までに納入すること。①または②

①郵便振替　口座番号　00920-9-319769
名　　称　学力の基礎をきたえどの子も伸ばす研究会

②ゆうちょ銀行
店番099　店名〇九九《ゼロキュウキュウ》店　当座0319769

- 特典　研究会をする場合、講師派遣の補助を受けることができる。
大会参加費の割引を受けることができる。
学力研ニュース、研究会などの案内を無料で送付してもらうことができる。
自分の実践を学力研ニュースなどに発表することができる。
研究の部会を作り、会場費などの補助を受けることができる。
地域サークルを作り、会場費の補助を受けることができる。

③ 活　　動

全国家庭塾連絡会と協力して以下の活動を行う。

- 全 国 大 会　全国の研究、実践の交流、深化をはかる場とし、年１回開催する。通常、夏に行う。
- 地域別集会　地域の研究、実践の交流、深化をはかる場とし、年１回開催する。
- 合宿研究会　研究、実践をさらに深化するために行う。
- 地域サークル　日常の研究、実践の交流、深化の場であり、本会の基本活動である。可能な限り月１回の月例会を行う。
- 全国キャラバン　地域の要請に基づいて講師派遣をする。

全 国 家 庭 塾 連 絡 会

① めざすもの

私たちは、日本国憲法と教育基本法の精神に基づき、すべての子どもたちが確かな学力と豊かな人格を身につけて、わが国の主権者として成長することを願っています。しかし、わが子も含めて、能力があるにもかかわらず、必要な学力が身につかないままになっている子どもたちがたくさんいることに心を痛めています。

私たちは学力研が追究している教育活動に学びながら、「全国家庭塾連絡会」を結成しました。

この会は、わが子に家庭学習の習慣化を促すことを主な活動内容とする家庭塾運動の交流と普及を目的としています。

私たちの試みが、多くの父母や教職員、市民の方々に支持され、地域に根ざした大きな運動になるよう学力研と連携しながら努力を継続していきます。

② 会　　員

本会の「めざすもの」を認め、会費を納入する人は会員になれる。
会費は年額1500円とし（団体加入は年額3000円）、8月末までに納入する。
会員は会報や連絡交流会の案内、学力研集会の情報などをもらえる。

事務局　〒564-0041 大阪府吹田市泉町4-29-13 影浦邦子方　☎·Fax 06-6380-0420
郵便振替　口座番号　00900-1-109969　　名称　全国家庭塾連絡会

漢字とイメージがむすびつく！　たべもの漢字ドリル　小学６年生

2022年３月10日　発行
●著者／丸小野 聡暢
●発行者／面屋 尚志
●発行所／フォーラム・A
〒530-0056 大阪市北区兎我野町15-13-305
TEL／06-6365-5606　FAX／06-6365-5607
振替／00970-3-127184
●印刷／尼崎印刷株式会社
●製本／株式会社高廣製本
●デザイン／美濃企画株式会社
株式会社髙木新盛堂
●制作担当編集／樫内 真名生
●企画／清風堂書店
●HP／http://foruma.co.jp/
※乱丁・落丁本はおとりかえいたします。